# Inhalt

**Fortschreibung Corporate Governance Kodex**

Kernthesen

Beitrag

Fallbeispiele

Weiterführende Literatur

Impressum

# Fortschreibung Corporate Governance Kodex

*A. Kaindl*

## Kernthesen

- Im Mai 2003 hat die Regierungskommission Deutscher Corporate Governance Kodex Änderungen des Corporate Governance Kodexes beschlossen. Die Änderungen betreffen die Offenlegung von Vorstandsbezügen im Jahresabschluss und Aktienoptionsprogramme.
- Die Regierungskommission wird sich in ihrer weiteren Tätigkeit mit den Themen Aufsichtsrat, Hauptversammlung und stärkere Unabhängigkeit der Abschlussprüfer beschäftigen.

- Anstrengungen zu einer Verbesserung der Corporate Governance finden nicht nur in Deutschland, sondern auch auf EU-Ebene statt.

# Beitrag

Die Debatte über Corporate Governance in einer globalisierten Wirtschaft ist derzeit sehr lebhaft und facettenreich. Dabei haben alle Beteiligten im Kern ein gemeinsames Ziel: Wege aus der Vertrauenskrise an den Kapitalmärkten zu suchen. In Deutschland hat die Corporate Governance Debatte in den letzten Jahren zu hochkarätigen Regierungs- und Expertenkommissionen und zu zahlreichen Gesetzesänderungen geführt. Die gesetzgeberischen Maßnahmen in Deutschland sind getrieben von entsprechenden Vorstößen in den USA und der EU. So ist der Sarbanes-Oxley Act Inbegriff des Bemühens der US-Regierung, auf in diesem Ausmaß bisher nicht gekannte Bilanzskandale wie Enron oder Worldcom zu reagieren. Gleichzeitig kommen aus der EU und von den internationalen Standardsettern wesentliche Veränderungen im Bereich der Bilanzierung auf die kapitalmarktorientierten Unternehmen zu. Allen voran die EU-Verordnung, wonach die Anwendung von IAS/IFRS ab 2005 für alle börsennotierten Unternehmen verpflichtend wird. (1)

# Weiterentwicklung des Deutschen Corporate Governance Kodex

Die Regierungskommission Deutscher Corporate Governance Kodex unter ihrem Vorsitzenden, dem ThyssenKrupp-Aufsichtsratschef, Gerhard Cromme hat im Mai 2003 Änderungen des Corporate Governance Kodexes beschlossen. Demnach sollen Vorstände deutscher Aktiengesellschaften künftig ihre Bezüge im Jahresabschluss offen legen. Das Vergütungssystem ist zu erklären und in einzelne Komponenten aufzuschlüsseln. Eine weitere Änderung betrifft die Aktienoptionspläne. Diese sollen sich als variabler Vergütungsbestandteil auf anspruchsvolle und relevante Vergleichsparameter beziehen und auch eine Risikokomponente beinhalten. Außerdem sollen die Aufsichtsräte eine Obergrenze für außerordentliche, nicht vorhergesehene Entwicklungen festlegen. Damit sind externe Faktoren gemeint, die den Aktienkurs nach oben treiben, für die aber nicht der Vorstand verantwortlich zeichnet. (3), (9)

Aktienoptionsprogramme werden von vielen großen Konzernen eingesetzt, da diese die Bezahlung von Mitarbeitern ermöglichen, ohne diese Aufwendungen in der Gewinn- und Verlustrechnung ausweisen zu müssen. Fachleute übten öffentlich Kritik an den Optionsprogrammen, da diese einen Anreiz zur Bilanzfälschung und zu unwirtschaftlichem Verhalten bieten. Die Zusammenbrüche von Enron oder Worldcom, bei denen Bilanzen gefälscht worden waren, wird auf Aktienoptionsprogramme zurückgeführt. Viele Unternehmen sind trotzdem gegen einen Berücksichtigung der Optionsprogramme in der Gewinn- und Verlustrechnung. Das International Accounting Standards Board hat die völlige Offenlegung der Aufwendungen im Jahresabschluss vorgeschlagen. Dieser Vorschlag stieß auf harte Kritik seitens der Unternehmen. (12)

Vorstände und Aufsichtsräte börsennotierter Gesellschaften sind nach § 161 AktG verpflichtet, jährlich zu erklären, dass den im elektronischen Bundesanzeiger bekanntgemachten Empfehlungen der Regierungskommission Deutscher Corporate Governance Kodex entsprochen wurde und wird bzw. welche Empfehlungen nicht angewendet wurden und werden. Die im Mai 2003 beschlossenen Kodexänderungen treten mit Veröffentlichung im elektronischen Bundesanzeiger in Kraft. (9), (10)

# Rolle der Wirtschaftsprüfung in der Corporate Governance

Abschlussprüfer kontrollieren, ob die Unternehmen die gesetzlichen Vorschriften und die ergänzenden Bestimmungen ihres Gesellschaftsvertrages und ihrer Satzung beachtet haben. Durch die Prüfung soll die Verlässlichkeit der im Jahresabschluss und im Lagebericht enthaltenen Informationen erhöht und die Einhaltung geltender Bilanzierungsregeln gesichert werden. Der Wirtschaftsprüfer informiert die Aufsichtsorgane und die gesetzlichen Vertreter des Unternehmens über seine Feststellungen. Damit ist der Wirtschaftsprüfer Teil der externen und internen Corporate Governance: Extern wegen des Bestätigungsvermerks und intern wegen der Aufgabe, den Aufsichtsrat bei seiner Überwachung der Geschäftsführung zu unterstützen. (1)

Die Arbeit der Abschlussprüfer ist ein zentrales Thema im Reformvorhaben zur Corporate Governance und zur Wiedererlangung des Vertrauens in den Kapitalmarkt. Diskutiert wird über die Stärkung der Unabhängigkeit der Prüfer, über die Verschärfung der Haftung und über eine wirksame Berufsaufsicht. (2)

# Corporate Governance auf EU-Ebene

Die Europäische Kommission will börsennotierte Unternehmen spätestens von 2005 an gesetzlich verpflichten, im Jahresabschluss eine Erklärung zur Corporate Governance zu veröffentlichen. Um das Vertrauen an den Kapitalmärkten wiederherzustellen, soll die Erklärung angemessene Informationen über die Organisation auf höchster Ebene der Gesellschaft liefern, um auf Dauer ein effizientes internes Kontrollsystem zu schaffen.

Die EU-Kommission hat einen Aktionsplan zur Verbesserung der Corporate Governance in Europa vorgelegt. Danach sollen die Wirtschaftsprüfer stärker in die Pflicht genommen werden. Dazu sollen die heutigen unverbindlichen Empfehlungen und Selbstregulierungen der Branche bindend festgeschrieben werden. Zur Berufsaufsicht sieht die Kommission angesichts der unterschiedlichen Aufsichtsregeln in den Mitgliedsstaaten Bedarf für einen EU-weiten Koordinierungsmechanismus. Für mehr Transparenz der Wirtschaftsprüfer und ihrer Netzwerke sollen ferner Transparenzstandards entwickelt werden. Auch dem Thema Bilanzfälschung nimmt sich die EU an. Die EU-Kommission will eine kollektive Haftung aller Mitglieder des Leitungs- bzw.

Verwaltungsorgans für den Jahresabschluss und für andere wesentliche Erklärungen. Die EU-Behörde spricht sich für mehr Transparenz im Verhältnis von Unternehmensergebnis und Höhe der Vorstandsgehälter ex ante und ex post aus. Dazu müssen aus Sicht der Kommission vier Grundvoraussetzungen erfüllt sein: Offenlegung der Vergütungsstrategie im Jahresabschluss, detaillierte Offenlegung der Entgelte der einzelnen Vorstände im Jahresabschluss, Vorabgenehmigung durch die Aktionärsversammlung von Aktienbezugs- und bezugsrechtsplänen, an denen die Vorstände teilnehmen sowie angemessene Ausweisung der dem Unternehmen dadurch entstehenden Kosten im Jahresabschluss.

Es ist nicht das Ziel der EU-Kommission einen EU-Kodex zur Corporate Governance zu schaffen, stattdessen wird die Einrichtung eines Forums für eine aktive Koordinierung der Mitgliedsstaaten zur Verbesserung der Unternehmensführung gefordert, da in den EU-Ländern unterschiedliche Corporate Governance Kodizes bestehen. (3), (13), (14)

# Fallbeispiele

Der Kodex umfasste bereits vor seiner Änderung im Mai 2003 eine individuelle Offenlegung der Vorstandsgehälter. Allerdings war dieser Sachverhalt nur als Anregung formuliert, an die sich bislang gerade 6 der 30 DAX-Unternehmen halten. Drei weitere Vorstandsvorsitzende haben ihre persönlichen Bezüge bekannt gemacht, verschweigen aber die der Kollegen. Bei der neuen Fassung handelt es sich dagegen um eine Empfehlung. Die Gesellschaften können hiervon abweichen, sind dann aber verpflichtet, dies jährlich offen zu legen. Diese Möglichkeit wird vermutlich VW nutzen. Vorstandschef Bernd Pischetsrieder verneinte die Frage, ob VW die Bezüge zukünftig veröffentlichen wird. (3)

Der Aufsichtsratschef der Deutschen Bank, Rolf Breuer, hält eine Reform der Hauptversammlung für dringend geboten; ansonsten habe dieses Instrument keine Zukunft. Um die Versammlungen zu straffen und ihre Funktion zu erhalten, schlägt Breuer vor, das Fragerecht zu beschränken. Breuer hält außerdem die Anwesenheitspflicht von Vorstand und Aufsichtsrat auf den Aktionärstreffen für überflüssig und plädiert für die Abschaffung der Entlastung. (4)

Der Siemens-Konzern erwägt, künftig auf Aktienoptionsprogramme als Anreiz für die Bezahlung des Topmanagements zu verzichten.

Auslöser für die Überlegungen sind die Änderungen im Deutschen Corporate Governance Kodex. Der veränderte Kodex mache die Programme zu teuer und ihre Verwaltung zu komplex. Zudem wurden die Voraussetzungen für die Ausübung der Aktienoptionen verschärft. Diese sollen sich künftig nicht mehr an der absoluten Entwicklung einer Aktie orientieren, sondern an der relativen Entwicklung im Vergleich zu Aktien- und Branchenindizes. Wie die meisten deutschen Unternehmen mit einer Börsennotierung in den USA hat Siemens Aktienoptionspläne, die auf der absoluten Entwicklung ihrer Aktien basieren. Bis vor kurzem mussten die Aufwendungen für diese Pläne nach den US-Rechnungslegungsvorschriften nicht in der Gewinn- und Verlustrechnung ausgewiesen werden. Die Entscheidung von Siemens wird nach Überprüfung der neuen Kodex-Regeln vor Ende September 2003 fallen. Das Ergebnis könnte sein, dass sich Siemens entscheidet, auf die Aktienoptionsprogramme zu verzichten. Anstelle der Aktienoptionen könnte die direkte Ausgabe von Aktien treten. (11)

Microsoft teilte mit, dass das Unternehmen keine Aktienoptionen mehr an seine Mitarbeiter ausgeben werde. Stattdessen plant der Konzern, seinen leitenden Angestellten direkt Aktien zu gewähren. Auch DaimlerChrysler erwägt, von seinem

Aktienoptionsprogramm abzurücken. Als Alternative könnten für die Mitarbeiter in Zukunft Barzahlungen in Frage kommen, die sich an der Entwicklung des Aktienkurses orientieren. Die Deutsche Telekom hat ihr Aktienoptionsprogramm inzwischen gestoppt. (12)

Eine Umfrage der Wirtschaftsprüfungsgesellschaft KPMG bei 148 Finanzchefs belegt, dass der Aufbau interner Kontrollmechanismen bei den Unternehmen nur langsam Fortschritte macht. Von den befragten Firmen haben 29 % ihren Sitz in Großbritannien, 44% im übrigen Westeuropa, 18 % in Zentraleuropa und 9 % außerhalb Europas. Demnach haben seit dem Enron-Skandal 34 % der Unternehmen noch immer keine interne Bilanzkontrolle aufgebaut. Einen Prüfungsausschuss im Aufsichtrat haben bislang nur 37 % der Firmen eingerichtet, 17 % wollen dies in den nächsten 18 Monaten tun. Auslöser der Bemühungen ist in vielen Fällen jedoch nicht die Überzeugung, dass Verbesserungen notwendig sind. 37 % der Befragten nannten allein juristische Gründe, wie Einhaltung von Regelwerken. Allerdings haben 51 % der Firmen ihre Ressourcen für das Risikomanagement und die Verbesserung der Corporate Governance aufgestockt, weitere 32 % planen dies in den kommenden 18 Monaten. (15)

# Weiterführende Literatur

(1) Wirtschaftsprüfung - integraler Teil der Corporate Governance Erforderlich ist eine substanzielle Verbesserung der Bilanzierungsregeln - Vorschläge zur Haftungserweiterung werden mit Sorge gesehen
aus Börsen-Zeitung, 15.05.2003, Nummer 92, Seite B6

(2) "Eine erweiterte Haftung erhöht nicht die Qualität der Prüfung" Berufsstand sieht Reputationsverlust bei Fehlleistungen als schärfere Sanktion an - Plädoyer für gemeinsame Positionen der Europäer gegenüber den USA
aus Börsen-Zeitung, 28.05.2003, Nummer 101, Seite 6

(3) Gläsernes Konto im World Wide Web
ÄNDERUNGEN BEIM CORPORATE GOVERNANCE KODEX / Vorstände sollen künftig ihre Gehälter offen legen und sogar im Internet erläutern. Das hat die Kommission unter Vorsitz von Gerhard Cromme beschlossen. Doch Unwillige können sich drücken.
aus Börse Online vom 28.05.2003, Seite 48

(4) Kodex-Kommission nimmt Aufsichtsräte ins Visier
Cromme: Strukturell angelegte Interessenkonflikte ausschließen - Kritik an Mitbestimmung - 2. Konferenz Corporate Governance Kodex
aus Börsen-Zeitung, 27.06.2003, Nummer 121, Seite 6

(5) Cromme fordert Schrumpfkur für Aufsichtsräte
Chef der Corporate-Governance-Kommission will Änderungen am Mitbestimmungsgesetz · Kontrolle soll effizienter werden

aus Financial Times Deutschland vom 27.06.2003, Seite 22

(6) Wenn sich die Organisation deutscher Aufsichtsräte nicht ändert, wird sich das unzulängliche britische Board-Modell durchsetzen, meint Daniel Wetzel Hemmschuh Mitbestimmung
aus Die Welt, Jg. 58, 27.06.2003, Nr. 147, S. 12

(7) Regierungskommission stößt Debatte um Mitbestimmung an Aufsichtsräte sollen kleiner werden
aus Die Welt, Jg. 58, 27.06.2003, Nr. 147, S. 12

(8) Bundesregierung will Querulanten das Handwerk legen
aus Frankfurter Allgemeine Zeitung, 28.06.2003, Nr. 147, S. 19

(9) Justizexperte will Offenlegungszwang bei Gehältern verhindern Erklärung zum geänderten Corporate-Governance-Kodex sorgt für Verwirrung · Weitere Änderungen sind in Arbeit
aus FTD Financial Times Deutschland vom 28.05.2003, Seite 22

(10) Änderungen am Cromme-Kodex kommen rascher Firmenerklärungen müssen früher vorliegen als erwartet
aus FTD Financial Times Deutschland vom 28.05.2003, Seite 19

(11) Siemens erwägt Abschaffung der Aktienoptionen für Topmanager Änderungen des deutschen Corporate-Governance-Kodex machen Anreizprogramme zu teuer · Direkte Bezahlung mit Aktien als Alternative
aus FTD Financial Times Deutschland vom 10.06.2003, Seite 25

(12) Büschemann, Karl-Heinz / Ludsteck, Walter / Raupp, Judith, Kritik an börsenorientierter Entlohnung zeigt Wirkung, Manager müssen auf Aktienoptionen verzichten, Süddeutsche Zeitung vom 10.7.2003, Ausgabe Deutschland, S. 17
aus FTD Financial Times Deutschland vom 10.06.2003, Seite 25

(13) EU-Maßnahmenpaket soll Vertrauen an den Kapitalmärkten stärken Bolkestein stellt Initiative der Kommission vor - Mitteilung zu Abschlussprüfung
aus Börsen-Zeitung, 21.05.2003, Nummer 96, Seite 5

(14) Modernisierung des Unternehmensrechts
aus Frankfurter Allgemeine Zeitung, 20.05.2003, Nr. 116, S. 18

(15) Bolkestein-Vorstoß löst geteiltes Echo aus Reaktion auf EU-Aktionsplan zur Unternehmensführung · Gehälter-Offenlegung umstritten · Umfrage ergibt Mängel bei Bilanzkontrolle
aus FTD Financial Times Deutschland vom 16.05.2003,

Seite 22

# Impressum

## Fortschreibung Corporate Governance Kodex

### Bibliografische Information der deutschen Nationalbibliothek

Die Deutsche Nationalbibliothek verzeichnet diese Publikation in der deutschen Nationalbibliografie; detaillierte bibliografische Daten sind im Internet über http://dnb.d-nb.de abrufbar.

ISBN: 978-3-7379-1174-0

© 2015 GBI-Genios Deutsche Wirtschaftsdatenbank GmbH, Freischützstraße 96, 81927 München, www.genios.de

Alle Rechte vorbehalten. Dieses Werk ist einschließlich aller seiner Teile – z.B. Texte, Tabellen und Grafiken - urheberrechtlich geschützt. Jede Verwertung außerhalb der Grenzen des Urheberrechtsgesetzes bedarf der vorherigen Zustimmung des Verlags. Dies gilt insbesondere auch für auszugsweise Nachdrucke, fotomechanische Vervielfältigungen (Fotokopie/Mikroskopie), Übersetzungen, Auswertungen durch Datenbanken oder ähnliche Einrichtungen und die Einspeicherung und Verarbeitung in elektronischen Systemen.